GUERRE AU CRÉDIT

OU

CONSIDÉRATIONS

SUR LES

DANGERS DE L'EMPRUNT

Par un Banquier.

PRIX : 1 FRANC.

VIDECOQ FILS AINÉ,
Libraire du Tribunal de Commerce,
1, RUE SOUFFLOT.

GUILLAUMIN,
Librairie du Commerce et de l'Économie politique,
14, RUE RICHELIEU.

1850.

GUERRE AU CRÉDIT.

Paris. — Typ. Wittersheim, rue Montmorency, 8.

GUERRE AU CRÉDIT

OU

CONSIDÉRATIONS

SUR LES

DANGERS DE L'EMPRUNT;

Par un Banquier.

PRIX : 1 FRANC.

VIDÉCOQ FILS AINÉ,
Libraire du Tribunal de Commerce,
1, RUE SOUFFLOT.

GUILLAUMIN,
Librairie du Commerce et de l'Économie politique,
14, RUE RICHELIEU.

1850.

AVANT-PROPOS.

Je ne me dissimule pas que ce que je vais dire sur le crédit heurtera les idées reçues et que je vais me mettre en opposition directe avec tout ce qui s'est dit et écrit depuis bien longtemps sur ces matières.

A tout risque, cependant, je veux remplir un devoir en combattant ce que je crois être un très-grand danger, et en m'opposant de toutes mes forces à ce que je regarde comme de pernicieuses doctrines. C'est donc très-consciencieusement et très-résolument que je prends pour devise : « Guerre au crédit ! »

Je veux, en conséquence, essayer de démontrer que l'emploi du crédit a été constamment fatal aux particuliers comme aux États, et qu'on ne devrait jamais s'en servir que comme la médecine se sert des poisons les plus violents, c'est-à-dire avec un scrupule extrême et une extrême circonspection, et seulement dans des cas de maladies très-graves.

Sans vouloir me faire juge des nouvelles doctrines, sans avoir la prétention de décider s'il y a ou non quelque chose d'applicable dans le socialisme, sans le repousser en aveugle, je déclare que les formules m'en paraissent encore trop obscures et contestées, et qu'en homme pratique je me place sur le terrain du monde connu, lequel — après tout — doit bien être le point de départ le plus sûr.

Ce que je dirai du crédit ne devra donc pas s'entendre de ses fonctions au milieu du monde socialiste, mais bien au sein du monde actuel.

Ceci expliqué, j'entre en matière.

CONSIDÉRATIONS

SUR

LES DANGERS DE L'EMPRUNT.

De toutes les théories il n'y en a pas de plus dangereuses que les théories financières, parce qu'elles engagent, — et qu'en cas d'erreur — elles compromettent l'avenir des sociétés dans ce qui les frappe le plus immédiatement — leur bien-être matériel. Il faut donc, avant de s'aventurer en finances dans une voie nouvelle, la bien reconnaître dans toute son étendue et ne jamais faire un pas au hasard, car on ne se trompe pas dans ces matières sans laisser des désastres derrière soi. C'est ici surtout que l'expérience des faits doit être prise pour guide et que le meilleur système, peut-être, est de n'en point avoir.

Si cela est vrai, il importe donc de bien se rendre compte de ce qu'est le crédit et des conséquences de son emploi.

Cela importe surtout dans ce temps où les écrivains proclament sur tous les tons l'indispensable nécessité de faire revivre et d'étendre le crédit.

Et cependant — selon moi — *crédit* — et *crédit public* sont des expressions si dangereuses, qu'elles devraient être bannies du dictionnaire commercial aussi bien que du langage des économistes ; non-seulement comme dangereuses, mais encore comme fausses et n'exprimant pas ce qu'elles veulent dire. — En effet, ces phrases : développer le crédit public ; élargir les moyens de crédit, etc., etc., sont vicieuses, et ne servent qu'à embrouiller les idées : elles conduisent souvent à des conclusions déplorables les personnes même les plus éclairées, tant l'empire des mots est puissant.

Développer le crédit public, sous la plume des économistes, veut certainement dire : développer les ressources nationales, les employer, les faire converger toutes vers le travail productif ; mais cela ne signifie pas nécessairement que le moyen d'atteindre ce but soit l'emprunt, et cependant ce mot de crédit dont le sens propre est synonyme d'emprunt s'empare à tel point des esprits ; le mot emprunt lui est tellement corrélatif que ce dernier saute aux yeux comme une conséquence forcée et qu'on est naturellement porté à demander à l'emprunt les ressources et les bienfaits que l'on aperçoit en germe dans le développement du crédit public. Je suis convaincu que si, aux mots : crédit public, on avait substitué depuis longtemps ceux de « forces productives ; ressources nationales ; association des capitaux, » ou tout autre exprimant bien la même pensée, beaucoup de projets qui tous ont pour base le crédit, c'est-à-dire l'emprunt, n'auraient jamais vu le jour et que les idées se seraient tournées d'un autre côté.

Qu'est-ce que le crédit proprement dit, sinon la mise en activité immédiate d'un capital non disponible ou n'existant pas encore, par un capital équivalent disponible? Et qu'est-ce que cela si ce n'est pas — en d'autres termes — l'escompte de l'avenir?

Or, escompter l'avenir, c'est escompter l'inconnu; c'est courir tous les risques et toutes les mésaventures du mécompte.

Ceci posé,

Considérons le crédit dans ses applications:

A l'agriculture,

Au commerce,

Au gouvernement.

DU CRÉDIT

PAR RAPPORT A L'AGRICULTURE.

Serait-ce donc un si grand bienfait que le crédit très-facile pour les campagnes? J'en doute fort; les agriculteurs, les gens de la campagne, les paysans, en un mot, s'attachent moins en général à améliorer les terres qu'ils possèdent qu'à en acheter d'autres. Il est même remarquable que c'est à cette disposition que la plupart d'entr'eux doivent la gêne dans laquelle ils se trouvent. Beaucoup de fermiers se créent aussi de grands embarras par le peu de prévoyance qu'ils apportent dans leurs engagements avec les propriétaires. Ils se mettent souvent — sans avances suffisantes — à la tête d'une ferme dont le prix élevé ne leur laisse que peu de chances de succès ; de sorte qu'une mauvaise année suffit pour les placer dans une position gênée.

Eh bien, dans le premier cas, c'est-à-dire celui d'un paysan qui emprunte pour acheter des terres, le crédit est-il favorable ? Évidemment non, car l'intérêt qu'il paye est plus élevé que le revenu qu'il encaisse.

Dans le second cas, c'est-à-dire celui d'un fermier qui a contracté d'une manière onéreuse avec le propriétaire, le crédit est-il plus avantageux? Évidemment non encore, car plus il retardera sa ruine, plus elle sera profonde, puisque le haut prix de ses fermages ne lui laisse pas d'autres chances que celles de perte.

Ce n'est pas qu'un emprunt fait à propos par un cultivateur intelligent ne puisse lui être très-favorable dans certains cas exceptionnels, mais pour cent qui empruntent, deux ou trois peut-être sauront en tirer profit, d'abord parce qu'ils auront en eux-mêmes ce qu'il faut pour cela : c'est-à-dire, l'intelligence et l'activité, et qu'ensuite ils se trouveront dans des conditions d'aisance telles qu'ils pourront employer tout l'argent emprunté à un usage productif. Mais alors bien même qu'il en serait ainsi, je dis qu'il vaut beaucoup mieux remettre à deux ou trois ans une amélioration à faire en appelant pendant ce temps l'épargne à son secours, que de se créer des engagements pour un avenir qu'on ne connaît pas. Au surplus, un homme, dans les conditions que je viens de dire, ne sera jamais embarrassé pour trouver un prêteur, que le crédit soit facile ou non.

Dira-t-on que l'homme riche n'a pas besoin de crédit, mais que ce serait pour le travailleur pauvre qu'il faudrait que le crédit fût ouvert? C'est possible, quoique je n'en croie rien, mais enfin qui trouverez-vous qui veuille prêter son argent sur l'avenir d'un homme? Il n'y a pas de système de crédit qui puisse nous amener là, et si on voit quelquefois des capitalistes commanditer un travailleur pauvre, aux facultés duquel ils ont confiance, c'est un fait exceptionnel et qui ne peut prendre rang dans aucun système de crédit public. Les banques, ni les banquiers n'escompteront jamais la capacité.

Et d'ailleurs—allant au fond des choses—que fera un pauvre homme de la campagne de votre crédit? Je répète que je comprends très-bien qu'un crédit appliqué à propos à l'amélioration d'une propriété rurale puisse être une bonne chose, mais cette chose n'en sera que meilleure si elle a lieu au moyen des forces de l'épargne; il y aurait au moins bénéfice moral en ce sens que l'homme qui agirait ainsi se formerait aux habitudes d'ordre et d'économie, et c'est quelque chose. Mais c'est déjà supposer la richesse — au moins relative — que d'admettre la situation que je viens de donner, et ce que celle-ci comporte n'est plus possible dans la condition d'un pauvre campagnard, n'ayant que ses deux bras pour gagne-pain. Or, j'en reviens à ma question, que fera cet homme, du crédit? Achètera-t-il de la terre? Emprunter pour acheter, c'est un triste commerce. Veut-on que ce journalier ait un ou deux arpents de terre? Le voilà propriétaire, et vous allez dire qu'il peut avoir des améliorations à faire. Il faut bien peu de chose pour améliorer la culture de deux arpents de terre, et je serais étonné que le travail de sa famille n'y suffit pas. Veut-on parler d'un propriétaire un peu plus relevé, d'un homme ayant quinze ou vingt arpents à lui? Prenez garde, c'est déjà de la richesse, et l'économie devient possible.

Mais enfin, admettons pour un instant l'utilité du crédit, et voyons quels moyens on propose pour le mettre à la portée de l'agriculteur. Mobiliser les immeubles en rendant négociables — comme un effet de commerce — les contrats hypothécaires.

Examinons cela :

Dans l'état actuel des choses, qui peut prêter — qui prête sur hypothèque? Les capitalistes; auquel cas, c'est un placement qu'ils font, d'un capital dont la disponibilité ne leur est pas indispensable et des moyens de réalisation duquel ils n'ont pas à s'inquiéter. C'est un placement dont ils gardent les titres en portefeuille et qu'ils n'ont nullement le besoin de reproduire en le mettant en circulation.

Or, ce mode de prêter a un grand avantage pour la propriété engagée, car dans le cas de non-payement à jour fixe, soit des intérêts soit du capital, le débiteur gêné n'a à faire qu'à son prêteur direct; celui-ci connaît ses ressources, sa position exacte; peut apprécier sa bonne foi, les causes du retard, etc., etc.; toutes choses qu'un tiers porteur ne peut faire. Le prêteur capitaliste n'étant pas, comme le négociant, dans l'obligation de faire face à jour fixe aux exigences de son carnet d'échéances, il n'a pas non plus besoin de rentrées à jour fixe. Il peut dès-lors — s'il est convaincu de la bonne foi de son débiteur, et si d'ailleurs il ne voit nul péril en la demeure, — accorder des délais, transiger, ce qui, souvent, sauve de la ruine l'emprunteur qui ne pourrait réaliser qu'à grande perte.

Mais dans le cas contraire, c'est-à-dire, si les contrats hypothécaires pouvaient circuler comme un effet à ordre, qui ne voit que la face des choses changerait du tout au tout? Sous l'empire d'une loi de cette nature, quelques jours, un seul jour de retard pourrait être la cause de frais considérables et même de dépossession, en un mot, d'une perturbation profonde.

Or, si l'on songe que le quart peut-être de la propriété foncière en France est engagé sur hypothèque, on ne peut envisager sans frémir l'effroyable bouleversement de fortunes qui résulterait de la mise en circulation des contrats hypothécaires.

Le mal ne s'arrêterait même pas à la perte du capital dépensé improductivement en frais de procédure et à l'affliction profonde répandue sur des milliers de famille, mais, du même coup, il frapperait aussi l'agriculture en plein cœur.

En effet, la sécurité, la stabilité de la propriété dans les familles sont indispensables au progrès de l'agriculture. Sans la prévision d'une longue possession, le propriétaire, l'agriculteur ne travailleraient qu'à regret à l'amélioration d'un fonds qu'ils ne seraient pas assurés de conserver. Or, si la proportion ci-dessus donnée est exacte, je ne mets pas en doute qu'il n'y eût, année commune, un centième de la propriété foncière de France qui fût flottant, et par conséquent dont l'exploitation fût plus ou moins négligée. Que de richesses perdues alors !

On le voit donc, de quelque côté qu'on envisage les choses, la réalisation d'un semblable projet serait désastreuse, et surtout pour l'agriculture qu'on prétend servir.

Mobiliser la terre! Eh! je suis pour le progrès autant que qui que ce soit; mais, pour Dieu, que restera-t-il de stable au monde, où l'homme puisse s'appuyer, si la terre, la terre elle-même devient matière agiotable? La terre! seul objet où le désir de l'homme s'arrête ici bas, comme à un but au delà duquel il ne rêve plus rien; but auquel tend si fortement son ambition de citoyen et de père de famille; citoyen, car il semble qu'on fasse doublement partie du corps social du moment qu'on possède le sol sur lequel on est assis; père de famille, car il semble qu'on laisse doublement à ses enfants quand on leur lègue le patrimoine acquis, amélioré, embelli de ses travaux et de ses soins.

Mobiliser la terre! Cela me rappelle l'étrange idée de cet adepte de l'école utilitaire, qui ne craignit pas de dire que si on pouvait disposer de l'air comme de la terre, il ne verrait pas d'inconvénient à le mobiliser et à le jeter dans la circulation commerciale, comme capital productif.

Au fait, pourquoi s'arrêter sur le grand chemin de la mobilisation des capitaux? Et les enfants? vous n'y songez pas, mobilisateurs! Les enfants, bien qu'ils ne puissent guère produire avant l'âge de dix ou douze ans, les enfants ont un avenir — avenir de travaux et de peines qui manque rarement, hélas! — pourquoi ne le représenteriez-vous pas aussi par des assignats négociables? Cela augmenterait considérablement la richesse sociale, et on n'aurait plus lieu de reprocher aux gens pauvres de faire trop d'enfants.

Parlons sérieusement; l'état actuel des affaires offre déjà assez de catastrophes et de dépossessions violentes; n'allons pas faire de toutes choses matière de jeu, du monde entier un tripot, et de tous les hommes des coulissiers.

J'ai dit que tout emprunt fait par un agriculteur

n'était admissible, aux yeux des hommes de bon sens, qu'autant qu'il était destiné à un emploi productif.

J'ai dit que, même dans ce cas, l'emprunteur ferait mille fois mieux d'être son propre bailleur de fonds, c'est-à-dire d'emprunter à ses économies, que d'avoir recours au crédit.

Je maintiens tout cela; mais enfin j'ai dit aussi que certains cas de maladie désespérée légitimaient l'emploi des poisons comme curatifs.

J'admets donc qu'un agriculteur puisse légitimement emprunter, soit; mais ce ne sera pas l'homme qui est en voie de ruine, qui est — en d'autres termes — au-dessous de ses affaires, à qui j'accorderai le droit d'emprunter. A celui-là, un prêt ne fera que retarder sa perte en la rendant plus profonde. Celui-là n'a qu'une chose à faire: c'est — plus que jamais — de faire appel au travail et à l'économie. C'est une niaiserie que les emplâtres de bonne femme sur un membre gangrené, et le praticien habile et honnête — en pareil cas — au lieu de faire de la sensiblerie, résout hardiment la perte du membre pour sauver le corps.

Ne doit-on donc prêter qu'aux riches? Oui assurément, et tant pis pour eux s'ils empruntent.

J'appelle homme riche tout homme qui est au-dessus de ses affaires, quelque peu que soit sa richesse.

Permis à celui-là d'emprunter, dans un but productif. Qu'il le fasse à ses risques et périls; mais assurément, un emprunteur dans cette position, pouvant offrir un gage certain, n'éprouvera pas la moindre difficulté à trouver de l'argent sur hypothèque ou autrement. Je dis qu'il se présentera dix prêteurs pour un, au plus mal à 6, couramment à 5, et souvent à 4 %.

Eh bien! même à 6 %, est-ce trop, quand avec le sacrifice de quelques centaines de francs par an, on peut augmenter pour beaucoup plus la valeur d'un fonds de terre, d'une maison, etc?

Même à 6 %, est-ce trop, quand, au prix de quelques centaines de francs par an, on peut — en pratiquant à propos quelques rigolles dans une prairie inondée — récolter du foin de bonne qualité, dont le prix variera entre 30 et 40 fr. le quintal métrique, au lieu de 10 à 20 fr. que valait à peine une mauvaise récolte de joncs?

De tout cela faut-il conclure qu'il n'y a rien à faire? Assurément oui quant au principal, mais non quant aux accessoires. Tout le monde en effet est d'accord sur ce point, que les emprunteurs sont passibles de trop de frais, et qu'il y a là de sérieuses réformes à opérer.

Je sais très-bien que dans les campagnes reculées, de communications difficiles et où l'argent est rare par conséquent, il se fait encore des prêts hypothécaires à des prix onéreux; mais si quelques pauvres paysans sont encore par-ci par-là victimés par des usuriers avides, cela tient plutôt à leur ignorance

2

qu'à la difficulté du crédit. Je dirai plus, c'est que ces pauvres emprunteurs sont d'autant plus écrasés par les usuriers, que le crédit est plus facile.

Car ce ne sont pas les capitalistes proprement dits qui exploitent les gens besogneux ; ce sont, au contraire, des escompteurs, des banquiers de bas étage qui font les prêts hypothécaires aux conditions les plus lourdes, et, dans ce cas là, qu'on le remarque bien, ils n'agissent pas en gens faisant un placement, car, comme banquiers, ils seraient au bout de leur rouleau en quelques mois, quelques semaines peut-être. Aussi, indépendamment du contrat hypothécaire, ils se font délivrer par l'emprunteur, des billets à trois mois renouvelables jusqu'au terme du remboursement fixé par le contrat. Par ce moyen, l'argent n'est pas plutôt dehors de leur caisse, qu'ils l'y font rentrer par la négociation de ces mêmes billets. Mais, dans quels moments leur est-il donné de pouvoir négocier ces valeurs, si ce n'est dans les temps où le crédit est accessible à tout et à tous et où on trouverait— qu'on me permette cette expression triviale,— à négocier des feuilles de chou pourvu qu'elles fussent endossées.

Ce n'est pas qu'il ne faille reconnaître—après tout— que les banquiers et tous les traficants d'argent ne fussent mis à même de prêter plus souvent sur hypothèques, si les contrats hypothécaires pouvaient entrer dans la circulation comme le font les billets de commerce, mais quel avantage les emprunteurs y trouveraient-ils, si ce n'est celui de se ruiner plus vite? Assurément ils n'auraient pas l'argent à meilleur marché, et comme cela se passe dans le commerce, indépendamment de la valeur propre du titre, le prêteur ne manquerait pas de peser la valeur particulière de l'emprunteur et de régler le taux de l'intérêt sur cette valeur même. Les contrats seraient tout d'abord classés en première, deuxième et troisième valeur, tout comme le sont les effets de commerce et selon ce que vaudraient les emprunteurs, obligés primitifs ou endosseurs. Et cela est tout simple, car, pour ce qui regarde les endosseurs au moins, le prêteur ne peut connaître le gage ni l'apprécier.

Et d'ailleurs, avons-nous fermé de telle sorte la porte des révolutions et autres malheurs publics, que nous soyons bien sûrs d'éviter à tout jamais les dépréciations instantanées que subit la propriété? et s'il n'en est pas ainsi, le prêt hypothécaire à 50 % même, ne peut-il pas être une mauvaise affaire dans certaines circonstances données?

Il faut donc le reconnaître, le contrat hypothécaire ne peut être ni un billet de banque ni même une valeur négociable à intérêt uniforme.

Conviendra-t-on que les facilités de crédit accordées à l'agriculture sous la forme de contrat négociable, sont une chose mauvaise, et se rejettera-t-on sur les banques hypothécaires, agricoles, etc., etc., en s'appuyant de ce qui se fait en Prusse, en Pologne, en Allemagne? Pour moi, c'est tout un et je n'ai ici qu'un mot de réponse à faire : Il est fort possible que la propriété constituée comme elle est dans ces pays là se prête utilement à des combinaisons de ce genre. Mais en France, Dieu merci, la propriété, loin d'être massée, loin d'appartenir d'une manière privilégiée à une certaine classe et d'être insaisissable, appartient à tout le monde, et tout propriétaire peut être parfaitement exproprié par le plus infime créancier.

Quant au surplus, en examinant la question de l'application du crédit aux affaires commerciales, j'aurai tout naturellement à m'occuper des banques, et ce que j'en dirai s'appliquera aussi bien à l'agriculture qu'au commerce.

Je n'ajouterai ici que quelques mots qui termineront ces premières appréciations.

On commet, selon moi, une étrange erreur quand on dit, quand on imprime que des contrats hypothécaires, que des bons territoriaux sont des valeurs d'une solidité incontestablement plus grande que les valeurs « écus. » — Assurément, la terre ne peut pas disparaître et le gage reste bien toujours là, mais d'où les choses tirent-elles leur valeur, même la terre ? n'est-ce pas du travail ? une terre en friche est-elle une valeur ? non, évidemment, et c'est bien en vain qu'elle aura accumulé dans son sein le travail des siècles, à quelque moment que vous la preniez, vierge ou non, il faut ajouter le travail de l'année courante, sans quoi point de produit, et c'est tous les ans la même chose.

Pour les écus, voyez la différence! Du moment où un écu est frappé, il porte éternellement avec lui sa valeur; valeur qui ne varie jamais; valeur à laquelle il ne faut pas ajouter tous les ans comme à la terre, par un travail constamment renouvelé.

En effet, la confiance que chacun accorde à la monnaie d'or et d'argent, n'est imposée par aucune convention tacite ni manifeste, mais elle est le résultat de la valeur que cette monnaie porte en elle-même et qu'elle ne perd jamais; car elle est exactement le prix de revient, le prix de la main-d'œuvre, du transport, etc., depuis l'extraction du minerai jusqu'au moment de la mise en circulation dans le commerce. Une pièce d'or ou un lingot portent toujours avec eux toute la main-d'œuvre et autres frais de tout genre qu'il a fallu pour les amener là. Pour altérer sensiblement la valeur des monnaies de métaux précieux, il ne faudrait rien moins que la découverte de mines d'une abondance et d'une facilité d'exploitation telles que la main-d'œuvre fut diminuée dans une forte proportion. La valeur de l'or et de l'argent baisserait alors dans la même proportion, et les détenteurs de monnaie perdraient assurément, mais nous n'en sommes pas là, en dépit de la Californie, et d'ailleurs quand cela serait, cet argument ne serait pas à l'usage des amateurs de papier monnaie.

La valeur des monnaies de métaux précieux est si peu de convention, qu'alors bien même que les gouvernements — par des lois et ordonnances — substitueraient de la monnaie de bois par exemple ou de papier, à la monnaie de métaux précieux, cette dernière ne perdrait pas encore sa valeur, parce que, indépendamment de son emploi comme agent d'échange, elle conserverait toujours son utilité dans l'industrie, les arts, etc. D'où on voit que les métaux précieux porteront véritablement bien toujours en eux, sur le marché, la valeur représentant la main-d'œuvre de toute nature qu'il aura fallu pour les y amener. Il faudra toujours payer cela pour se les procurer; autrement, où trouverait-on les ouvriers, les transporteurs, les entrepreneurs, etc., etc., qui sont indispensables pour les produire? Tout cela est élémentaire, je le sais; mais n'est-il pas bon de le répéter, puisqu'on semble l'oublier si complètement?

DU CRÉDIT

PAR RAPPORT AU COMMERCE.

Si l'on voit quelques écrivains hésiter lorsqu'il s'agit de l'application du crédit à l'agriculture, il faut reconnaître qu'il n'en est pas de même à propos des affaires commerciales : ici c'est un cri général, et il semble, tant il y a d'unanimité — que « commerce et crédit ne peuvent aller l'un sans l'autre. »

Cependant, l'examen doit être permis du moment que le doute surgit dans l'esprit d'un seul : examinons donc.

Comme dans la première partie de ces réflexions, je ne veux ni ne dois sortir des faits pratiques et journaliers, convaincu que je suis qu'il suffit de les exposer dans leur vrai jour pour que la vérité en sorte.

D'accord sur l'utilité, — sur l'indispensabilité du crédit pour le commerce, on est parfaitement d'accord aussi sur ce point: c'est que ce sont les banques publiques qui sont le plus énergique instrument du crédit, et on est tout disposé à proscrire les établissements particuliers comme vexatoires ou insuffisants.

Voyons donc ce que sont les banques et quelle est leur action sur le commerce.

Les banques sont de deux sortes: les banques de dépôt et les banques de circulation ou d'émission. Comme les premières ne jouent plus qu'un très-faible rôle si elles n'ont pas tout à fait disparu, je ne m'occuperai que des dernières.

L'institution des banques est assurément le moyen le plus énergique d'amener les capitaux au service de l'industrie et du commerce, mais se bornent-elles à satisfaire aux besoins légitimes, et — d'un autre côté — dans un état comme la France, dans un état de pleine liberté, — au moins relative, — les capitaux ont-ils besoin des banques pour prendre cette direction?

Au lieu de suivre les affaires et de faire face seulement à leurs besoins réels — aux besoins réels du véritable commerce; du commerce fait honnêtement et prudemment, c'est-àdire du commerce qui répond aux besoins de la consommation: les banques forcent les affaires, les font naître et les poussent au delà des besoins du consommateur, et voici comment : les banques rendant le crédit facile, donnent à chacun les moyens d'étendre l'action et d'élargir la sphère de son commerce. Tel fabricant qui, — sans de grands moyens de crédit, — se serait renfermé dans le cercle restreint d'affaires que comportait son capital réel; avec le crédit, triplera, quadruplera ses affaires, les portera enfin à un chiffre hors de toute proportion avec son avoir réel, parce que les crédits qu'il fera lui-même lui seront faits par les banques soit directement, soit par intermédiaire en escomptant son papier.

Mais ce que le fabricant fera, le négociant, le marchand en gros, le commissionnaire le feront aussi. Chacun dans sa sphère d'action devancera de un, deux et trois ans la consommation, car les affaires ne s'arrêtent pas après chacun de ces termes; elles vont toujours, toujours empiétant sur la consommation et couvrant un crédit échu par un crédit naissant. Or, que résulte-t-il de là ? C'est que dans un temps donné la production a tellement dépassé la consommation que les magasins s'encombrent, que la vente au consommateur ne suffit plus à l'écoulement des produits; que les rentrées ne se faisant pas, les payements s'arrêtent et que les faillites arrivent. Alors il y a suspension forcée de travail, jusqu'à ce que la consommation ayant absorbé une partie des produits accumulés et la liquidation étant faite, les besoins réels font de nouveau marcher les affaires. Mais que de désastres pour en arriver là! Que de familles ruinées, démoralisées; combien d'ouvriers, attirés des campagnes par le trompeur appas des salaires élevés, se trouvent pour des années sans ouvrage! Que de misères pour tout ce monde qui a perdu l'habitude des travaux des champs!

Faciliter le travail, n'est pas un mal assurément; mais les banques facilitent encore plus la spéculation que le travail : en d'autres termes, elles favorisent plutôt le travail improductif que le travail productif, elles multiplient plus les marchands que les producteurs. En effet, si le travail bien réparti occupe et fait vivre toute la nation dans l'aisance, la spéculation déplace au contraire le travail, le centralise, porte sur quelques points seulement tous les efforts du travailleur au détriment du reste : c'est ainsi que l'agriculture peut être en souffrance et négligée dans un pays où règne l'agitation commerciale.

En facilitant outre mesure le crédit, les banques nuisent plus au vrai commerce qu'elles ne lui viennent en aide. Tout le monde sait en effet que sous l'empire d'un crédit facile, les gens hasardeux et entreprenants trouvent les moyens de monter à grands frais de grandes entreprises, quand ils n'ont pas à beaucoup près de quoi faire face aux exigences de la position qu'ils se créent. Tel industriel qui ne possède en propre qu'une trentaine de mille rancs, à l'aide du crédit n'hésitera pas à fonder un établissement dispendieux et qui exigerait dix fois cette somme. Aussi qu'arrive-t-il? notre homme se trouve tout-à-coup devoir aux prêteurs d'argent, aux constructeurs, aux fournisseurs de machines, etc.,etc., ayant terme, il est vrai, mais ne pouvant compter que sur les bénéfices de son entreprise pour faire face à ses échéances. Dès lors il faut qu'il fabrique et qu'il vende constamment, quelle que soit d'ailleurs la position des affaires. La plus courte interruption le tue, car ses échéances n'attendent pas. Il faut qu'il fasse de l'argent à tout prix, par quelque moyen que ce soit, même en vendant à perte, car le repos pour lui c'est la mort, car il n'a de chances de se maintenir qu'en réalisant tous les jours. Au contraire le commerçant, riche ou non, mais qui ne fait d'affaires qu'en proportion de son avoir réel, lorsque l'orage se déclare, peut plier ses voiles et attendre. Il peut parfaitement supporter une mauvaise saison et le pire qui puisse lui arriver c'est de perdre une partie de son avoir et non celui d'autrui, puisqu'il est à lui-même à peu près son seul créancier. Combien différente est la position de celui qui doit tout ce qui est dans ses magasins! S'il ne vend pas il ne peut pas faire face à ses échéances et tombe, et s'il vend pour y faire face, il le fait à perte et sa ruine, pour en être retardée de quelques mois, n'en n'est que plus certaine et plus désastreuse.

Et quand je parle des banques, je n'ai pas seulement en vue la Banque de France et ses nombreuses succursales, mais je place sur le même rang — quant aux effets produits — les comptoirs nationaux, les banques par action et en général tous les établissements de crédit en commandite par actions. Quelles que soient l'honnêteté et la capacité d'un gérant, il est difficilement dans la nature humaine, qu'il soigne les intérêts qui lui sont confiés, à l'égal des siens propres, et il ne faut pas attendre de lui des opérations constamment aussi productives et serrées que s'il gérait ses propres capitaux et courait tous les risques pour son compte.

La Banque de France, dira-t-on, présente cependant ce phénomène au plus haut degré; c'est très-vrai, et voilà pourquoi il me semble étrange que toutes les sociétés en commandite ne soient pas législativement bridées comme elle l'est.

Mais, pour en revenir à mon sujet, on se laisse souvent séduire par des mots. Ainsi, on croit avoir cause gagnée quand on a dit que les établissements de crédit appellent sur la place les capitaux inactifs; qu'ils commanditent l'industrie et encouragent la production. On ne se demande pas comment tout cela s'opère; on ne pénètre pas dans le détail et la pratique des choses. Sans doute, une banque qui se fait industrielle, — comme celles de Belgique et des Etats-Unis, à une époque encore récente — peut imprimer une grande activité au travail; mais à quel prix le peut-elle faire? Au prix de sa ruine et de celle de ses nombreux intéressées, comme il est arrivé aux banques que je viens de nommer. Qu'un banquier le fasse, cela le regarde et il n'engage que ses capitaux particuliers ou ceux de ses associés, lesquels — dans tous les cas — savent ce qu'ils font; mais une banque qui peut avoir en circulation quatre ou cinq fois plus que son capital, n'engage pas seulement les fonds de ses actionnaires — ce qui serait bien déjà quelque chose — mais encore ceux du public qui n'a pas été consulté.

Mais sans se faire industrielle elle-même, une banque — grand centre de capitaux — en faisant circuler son argent au moyen de l'escompte, commandite véritablement le commerce, dit-on. Oui assurément, et c'est justement là qu'est le mal, car elle le commandite sans prudence et sans mesure. Il ne faut pas se dissimuler — je le répète — qu'il y a une énorme différence entre la manière d'opérer d'une maison particulière et celle d'une banque. Dans le premier cas le crédit est distribué dans des limites rigoureuses et qui forcent à la modération et à la prudence celui qui en use; dans le second, le crédit franchit toutes les bornes et se livre à toutes les exagérations. Après les catastrophes sans nombre de 1848, il n'y a pas un négociant de France qui n'ait parfaitement senti que — indépendamment des causes accidentelles — le crédit avait produit tout le mal.

Au surplus, répètons-le encore: il faut bien distinguer entre produire et produire — et entre produire et spéculer. Or, les banques encouragent moins la production territoriale que la production manufacturière et commerciale. Elles ne s'occupent même que de cette dernière et ce n'est que par contre-coup que l'agriculture peut s'en ressentir.

Le crédit encourage plus particulièrement le travail improductif; il porte les travailleurs — et se porte lui-même — vers les professions qui offrent la chance de gros et prompts bénéfices et leur fait négliger le travail lent, pénible, mais d'un succès assuré, ce qui fait voir qu'il déplace plutôt qu'il ne met en jeu les forces sociales, et, qu'au lieu de les faire diverger vers tous les objets d'une utilité générale, il les concentre sur quelque points privilégiés.

On ne saurait trop s'arrêter sur ce point : — c'est qu'il n'est pas indifférent pour la richesse sociale, de produire telle ou telle chose au choix. Il y a, au contraire, une énorme distance entre tel ou tel produit, ou plutôt tel ou tel emploi du travail social, et c'est ici qu'il me semble que les économistes se sont bien trompés et qu'ils ont confondu la répartition des richesses sociales avec leur production.

Aussi à quelles conséquences absurdes ne sont-ils pas arrivés? Une fois leur système jeté au moule, il a fallu que tous les faits s'y modelassent, et ils ont été forcément amenés à appeler du même nom de *produits*, la gerbe de blé de l'agriculteur, le mètre d'étoffe du fabricant, la poupée du marchand de jouets, le jeu du comédien, la farce du bateleur, les grimaces du mendiant, et jusqu'à l'ignoble fonction de la prostituée. Ils n'ont pas vu, ou pas voulu voir, que les uns étaient véritablement des *producteurs* et que les autres n'étaient que des *diviseurs* de la richesse sociale.

Eh bien, là est le point capital, là est le nœud de la difficulté, et en ayant toujours devant les yeux cette distinction, chacun se dira qu'il faut que l'effort constant de la société ait pour but la multiplication des producteurs et la diminution des diviseurs.

Je sais bien qu'il est impossible de tracer d'une main toujours sûre la ligne de démarcation entre les produits et la division; mais si le classement absolu est impossible, il y a cependant certains traits généraux dont la vérité frappera tout le monde, et, qu'il s'agisse d'un produit matériel ou immatériel, à certaines énonciations, on reconnaîtra de suite une chose utile et une chose qui ne l'est pas.

Ce sont bien de vrais produits, que ceux qui résultent du travail de l'agriculteur, du savant, du charpentier, du médecin, de l'ingénieur, du boulanger, du marin, du cordonnier, du maçon, etc., etc.

Mais de quelle utilité peut être le travail du joueur d'orgues, du marchand de bons hommes de plâtre, du batéleur et — dans une classe plus relevée — de ces mille et un fabricants ou marchands de futilités sans nom, d'objets de toilette, de table, d'ameublement et d'ornement, lesquels semblent n'exister que pour l'encombrement des villes et l'augmentation constante de leur population, sans autre but que d'y chercher une part de la richesse sociale à la production de laquelle ils sont parfaitement étrangers ?

Comment! il serait bien, il serait sage, de tolérer, d'encourager de semblables frêlons ; de les héberger dans la ruche sociale, quand le cinquième de la France est inculte, et que les trois quarts du globe sont encore à savoir ce que c'est qu'un sillon!

Comment! sur une population de seize millions de Français en âge de travailler, la moitié produit et le reste consomme! Ce n'est pas bien, ce n'est pas juste; c'est un malheur, même pour les frêlons, et il faut bien reconnaître enfin que toutes les mesures qui tendront à augmenter le nombre de ces derniers, sont des mesures détestables et le crédit est du nombre — et en tête.

Oui, le crédit porte les travailleurs vers le travail commercial, presque toujours concentré dans les villes ou les fabriques, et il en résulte que les campagnes sont annuellement appauvries d'une foule d'ouvriers au bénéfice des villes, et qu'en même temps que les ouvriers regorgent dans ces dernières, les bras font défaut à l'agriculture, et que dans la saison des travaux on ne peut s'en procurer à aucun prix.

On conçoit, au surplus, que le travail dans les villes — à quelque profession qu'il s'applique — étant journellement de moins longue haleine et moins pénible; que la nourriture plus abondante et plus attrayante; que la participation au luxe et aux plaisirs des villes; que le prix des journées qui permet toutes ces jouissances; on conçoit, dis-je, que toutes ces choses aient un attrait fort puissant pour les gens des campagnes dont la vie est en général si pénible et si monotone, et qu'ils abandonnent en grand nombre le théâtre de leurs misères journalières pour arriver à une position qu'ils considèrent comme infiniment plus heureuse. Ils ne réfléchissent pas qu'ils échangent l'air libre et salubre des champs pour l'atmosphère empestée des villes et des fabriques; le calme de leur existence pénible mais tranquille pour les soucis rongeurs; ils ne songent pas enfin que si — pendant une période de prospérité commerciale — leur gain est hors de proportion avec celui de leurs frères des campagnes, il vient périodiquement des époques de malaise et d'encombrement qui suspendent tous les travaux, époques auxquelles l'ouvrier économe et prudent consomme ses économies à attendre la reprise du travail, et où celui qui — dans la prospérité — n'a pas songé à l'avenir, en est réduit à vivre d'aumônes, et par conséquent à s'avilir lui et sa famille, et qu'en définitive, pour arriver au même résultat que l'homme des champs, c'est-à-dire à travailler toute sa vie aux gages d'autrui, il a sacrifié sa santé, sa tranquillité et souvent son honneur. Ils ne sentent pas tout cela, ils ne le peuvent pas, et ce qui pis est, c'est qu'une fois que tout ce monde a goûté de la vie des villes, rien ne les déterminerait à abandonner leur esclavage commercial et à retourner aux champs, on le soleil luit du moins si ce n'est la liberté. Cela est tellement vrai, qu'aux portes mêmes de Paris et dans un temps où la fourmillière de ce gouffre se plaint d'être sans travail, tout le monde peut voir les cultivateurs se plaindre, de leur côté, de ne pas trouver d'hommes de journée pour faire leur récolte.

Il est surtout un point de vue duquel, le crédit étant envisagé, on peut voir quel mal il peut produire. Quel est celui de nous qui n'a pas entendu retentir à ses oreilles les plaintes les plus énergiques au sujet de la concurrence désordonnée, anarchique à laquelle toutes les parties du monde commercial sont en butte? et qui s'est avisé, cependant, de mettre le doigt sur la véritable cause de cette plaie? personne à mon sens. En cette occasion, chacun s'empressait de jeter la pierre à la liberté, et c'était à qui aurait des lois d'exception. Que n'a-t-on pas dit contre le travail libre? Eh! pour Dieu, il n'y a pas si longtemps qu'elle est née cette pauvre liberté commerciale; ne la tuez pas encore, Messieurs, laissez-la grandir au contraire. Ne voyez-vous pas que ce n'est encore qu'un enfant? Laissez-la grandir et se développer, et s'appliquer à tout, et répandre sa divine influence sur tout ce qui vit, travaille et consomme. Comment! vous dites que la liberté est malfaisante, quand vous la garrottez un peu plus dans chaque ville où elle passe! Comment! il y a des départements entiers où telles et telles productions lui sont défendues, et c'est elle que vous blâmez! Comment! elle vous donnerait les fers, les charbons, les vins, les sucres, les tabacs et tant d'autres choses à des prix trois ou quatre fois moins élevés, si vous la laissiez faire, et c'est à elle que vous lancez l'invective! Allez, allez, Messieurs, organisez, décrétez, protégez, et soyez sûrs que vous récolterez suivant que vous aurez semé, c'est-à-dire despotisme et misère.

Mais ce ne serait que demi-mal encore si on se bornait à entraver la liberté; l'enfant est robuste, et un jour ou l'autre aurait raison de ses ennemis. On fait donc plus, et sous couleur de venir en aide au travail, on le dote du plus dangereux des auxiliaires, on lui impose le crédit. Le crédit! voilà le poison social; voilà l'agent le plus actif de la concurrence, et ce sont les banques et autres établissements financiers qui se chargent de le mettre en œuvre.

Par leur moyen, en effet, les capitaux se centralisant et les virements ou escomptes étant très-faciles, cet état de choses permet à chacun de faire des opérations commerciales presque sans autres ressources que son industrie.

On doit concevoir qu'avec de grandes facilités de crédit, fabricants, négociants, marchands, doivent aisément créer ou étendre leurs affaires, et une fois que tous entre eux se sont fait crédit, et que l'engrenage est établi de telle sorte que tous dépendent les uns des autres, et que chacun d'eux ne se soutient que par le crédit, il n'y a plus moyen, pour aucun d'eux d'arrêter la production ou la vente, même dans de mauvaises conditions, car — comme je l'ai déjà dit — le carnet d'échéance est toujours là avec ses notes menaçantes et qui ne permettent pas un instant de retard.

Au moyen de cet engrenage de facilités, une foule de maisons nouvelles s'établissent; des jeunes gens de vingt ans, sans autre expérience des affaires que la pratique de deux ou trois ans passés comme commis, ouvrent maison sans ou presque sans capitaux, et trouvent auprès des fabricants ou négociants tout le crédit nécessaire pour entreprendre souvent de très-grandes affaires, parce que ces derniers, stimulés par la concurrence, au lieu d'attendre les acheteurs, sont obligés de les rechercher, d'aller au-devant d'eux, et de livrer, pour ainsi dire, au premier venu, parce que c'est pour eux une ressource que d'avoir du papier à présenter à l'escompte, et que souvent il s'agit moins, pour eux, d'avoir de bon papier que d'avoir du papier.

Quand même on admettrait pour un instant que toutes les maisons faisant des affaires eussent des capitaux suffisants pour un état de choses donné, on n'en devrait pas moins remarquer qu'un crédit trop facile pousserait encore ces maisons à dépasser de beaucoup la limite naturelle de leurs affaires, et que — débordées qu'elles seraient, à l'arrivée d'une crise — elles se trouveraient toutes, par rapport à l'excédant de leurs engagements, dans la position des maisons qui n'ont rien.

Ainsi donc — et en résumé — le crédit entendu comme il l'est maintenant, a pour premier effet de déplacer, de centraliser les forces sociales en les dirigeant toutes vers le commerce, et surtout vers le commerce de spéculation, et de créer la concurrence illimitée dont on se plaint.

Et à son tour la concurrence illimitée

Pousse à l'excès la production, surtout des objets de luxe;

Ruine le commerce par ses procédés forcément déloyaux,

Pervertit les mœurs et inspire à tout le monde une ambition désordonnée.

Ce que je vais essayer de prouver.

Je crois avoir fait voir qu'aucun système de crédit n'était propre à aider l'agriculture — eu égard à la position sociale et à l'état de la propriété de notre pays; — que le seul moyen d'atteindre ce but était entre les mains de l'État; que lui seul pouvait utilement prêter à l'agriculture, en entretenant en bon état les voies de communication, en en créant de nouvelles partout où besoin est; enfin, en ouvrant des débouchés à l'étranger, dès l'instant où il lui est donné de le faire. En faisant cela, l'État est véritablement pour l'agriculteur un prêteur utile, et comme ce sont bienfaits qui profitent à tous, il est juste que tous en supportent les charges, c'est-à-dire que l'impôt vienne faire face aux dépenses qui en résultent.

J'ai également essayé de démontrer que le crédit,

ne vivant que de gros bénéfices, avait besoin, pour les réaliser, de virements prompts et faciles, ce que l'agriculture ne peut pas donner.

Or, la conclusion de tout cela est que le crédit doit inévitablement se porter de préférence vers les échanges commerciaux, et plus spécialement encore vers les objets de luxe, parce qu'ils sont d'une consommation plus prompte et qu'ils donnent souvent lieu au renouvellement du capital.

Si tout cela est vrai, on doit forcément admettre la tendance générale de chacun à porter ses efforts vers cette branche de l'industrie humaine, laquelle semble toujours promettre une prompte fortune, et pour moyen les ressources prétendues intarissables du crédit.

Aussi, voyez ce qui a lieu dans les temps de grande prospérité commerciale, — temps où les portes du crédit sont ouvertes à deux battants, — des fabriques s'élèvent, celles qui existent décuplent leurs forces, des affaires de toutes sortes s'entreprennent, l'activité commerciale se déploie, de toutes parts enfin on se jette à corps perdu dans les affaires ; on fait des inventaires magnifiques, les ouvriers gagnent ce qu'ils veulent.... le tout au prix d'une production hors de toute limite avec les besoins réels et des désastres qui doivent en être la conséquence.

C'est alors que l'émigration des campagnes se fait sur une vaste échelle, et que la majeure partie de ce qu'il y a d'actif et d'intelligent se rend dans les fabriques et dans les villes, et cette émigration ne cesse que lorsque le trop plein détermine une crise et la cessation des travaux.

J'ai déjà remarqué que le crédit encourage au moins autant, si non plus, le commerce intermédiaire que le commerce productif, et on a vu qu'avec le crédit il se crée un grand nombre de maisons qu'on pourrait appeler entremetteurs et dont les services sont parfaitement inutiles au moins. Eh bien, quand les affaires vont bien, il s'établit entre la masse des commerçants de toute espèce, une prodigieuse circulation de marchandises et de papier de crédit, un trafic, non pas seulement de producteur à consommateur, mais de négociants, de commissionnaires, de marchands, lesquels s'achètent et se vendent les uns aux autres, beaucoup plus par spéculation que par véritable besoin ; et qu'on ne s'y trompe pas, la masse de tous ces traficants est telle, et l'ardeur de spéculation si forte, que ce trafic de circulation suffit pour plus longtemps qu'on ne le croirait à alimenter la production et à faire croire à une consommation exceptionnelle, longtemps après que son action n'existe plus qu'à l'état normal.

Mais tout a terme, et la vente s'arrête enfin, non pas par défaut de consommation, car celle-ci va toujours, mais la vente entre marchands, parce que tous les magasins sont pleins à regorger. Alors plus de réglements et plus d'argent possible par conséquent, enfin, suspension de payement; chute de toutes les maisons engagées au-delà de leurs moyens; liquidation forcée; dépréciation de la marchandise, et en définitive, perte et ruine pour dernier mot; perte— même pour les maisons qui se soutiennent — parce que ce sont elles en dernier résultat qui doivent forcément supporter la différence entre le passif et l'actif de toutes les maisons culbutées.

Telle est la marche réelle des choses; tels sont les résultats du crédit en ce qui regarde les affaires, et c'est pire encore par rapport aux ouvriers. Que se passe-t-il en effet pendant une crise commerciale et la suspension de travaux qui en est la conséquence? Les myriades d'ouvriers jetés sur le pavé par la fermeture des fabriques et des magasins vont-ils — désabusés des trompeuses promesses de l'industrie commerciale — quitter le théâtre de leur misère et reporter aux champs leur activité et leurs bras? Pas le moins du monde: l'existence des villes les fascine et ils resteront — à la charge de la société—pour attendre, dans la misère, les privations de toutes sortes, et bien souvent la dépravation qui en est la suite, — une reprise d'affaires. Cela vient sans doute, mais dans l'intervalle, le dénuement, les maladies, les prisons en diminuent notablement le nombre, et lorsque les affaires reprennent, il faut de nouveau recruter dans les campagne et en retirer les travailleurs.

Je ne crois pas qu'il soit possible à personne de nier la justesse de ces observations, car il n'est pas d'homme de quarante ans qui n'ait assisté déjà au spectacle de trois ou quatre crises commerciales profondes et qui n'ait la bonne foi de convenir que toutes ces crises ont été dues à une production follement surexcitée par le crédit.

Et, accordant cela, pourra-t-on nier la déloyauté ou au moins les habitudes mauvaises du commerce sous l'empire de cet état de choses ainsi que l'extrême ambition dont chancun se sent saisi? Pour cela faire, il faudrait fermer les yeux, il ne faudrait pas vouloir voir que, le crédit faisant foisonner les traficants comme l'humidité les champignons, le nombre et la fréquence des faillites doit en être la première conséquence ; que la législation qui régit ces matières a été forcément amenée à se modeler sur le moule du commerce, et que les lois contre les faillis sont si peu répressives qu'il n'est pas rare — que dis-je? — qu'il est très-commun de voir la même personne avoir suspendu jusqu'à trois fois ses payements et continuer cependant les affaires et trouver du crédit.

Et, pour le dire en passant — qu'on me permette cette digression — où ces gens-là trouvent-ils du crédit? Pensez-vous que ce soit auprès des maisons qui travaillent avec leurs propres capitaux? Pas du tout, — celles-là n'ont pas besoin de vendre à tout venant pour se faire des ressources — mais c'est justement auprès des maisons qui vivent elles-mêmes sur le crédit — qui chaque matin consultent avec anxiété leur carnet d'échéance et pour qui un acheteur — d'où qu'il vienne, et un réglement, quelle qu'en soit la signature, est comme la manne pour un hébreu.

Il est donc démontré que le crédit a pour première conséquence de pousser spécialement à la production des choses que je pourrais appeler de seconde nécessité et de plus, de porter cette production bien au-delà des limites de la consommation.

Cela est tellement vrai et tellement entré dans nos mœurs, que les lois elles-mêmes en portent l'empreinte. C'est ainsi qu'une foule de productions de la terre — matières premières — sont frappées de droits très-lourds, quand nulle étoffe, nul objet de luxe ne subit cette charge.

Ainsi, par exemple, les produits des fabriques de Lyon, Saint-Étienne, Mulhouse, Paris, Rouen, Roubaix, etc., etc., peuvent circuler d'un bout de la France à l'autre, sans avoir à payer ni droits de circulation, ni droits d'octroi; quand à côté de cela, les vins, les cidres, la viande, les huiles, les charbons, les sucres, les foins, etc., etc., ont à supporter des taxes plus ou moins lourdes.

En face de ces faits, quel est le favorisé de l'industrie ou de l'agriculture?

Est-ce tout, d'ailleurs? Il s'en faut; car, qui oserait soutenir que le fabricant, que le négociant, que le banquier, qui font annuellement pour plusieurs millions d'affaires, soient grevés — à l'égal de l'agriculteur — par quelques centaines de francs de patente?

Mais un exemple plus frappant encore — si c'est

possible — de la partialité de l'État en faveur du commerce et de l'industrie, ce sont les lois et les habitudes de notre premier établissement financier, la Banque de France. En effet, quelles sont les valeurs qui sont accueillies, recherchées exclusivement par ce grand régulateur? Les valeurs commerciales. Au contraire, qu'un agriculteur, un propriétaire foncier, un fermier, emprunte sur règlement à un banquier ou à un capitaliste; en vain ces règlements seront-ils dans les échéances voulues, en vain rempliront-ils toutes les conditions de forme exigées, ils seront systématiquement refusés par la Banque, alors bien même que ce seraient de bonnes valeurs, ou si elles les admet, ce ne sera qu'en hésitant et avec la plus grande parcimonie. Je ne m'en plains pas, puisque je crois que le crédit serait la ruine des agriculteurs; mais encore un coup, on voit que tout, dans notre législation, dans nos habitudes, concourt à diriger les forces sociales vers la production commerciale, en négligeant et grevant au contraire la production territoriale. La seule conséquence de cette manière d'agir n'est pas — à beaucoup près — ce que tout le monde voit au premier aspect. Cela a au contraire une immense et autre portée, comme je vais le démontrer.

Ce n'est pas exagérer — je crois — que d'évaluer à un milliard le capital flottant, le capital sans emploi définitif appartenant à l'épargne de la France, quoiqu'il soit bien difficile de poser un chiffre avec un certain degré de certitude. Or, en attendant un emploi définitif, on ne s'imagine pas, sans doute, que chacun des citoyens à qui appartient cet immense fonds de réserve, le laisse improductif dans sa caisse. Tout le monde sait, au contraire, que jusqu'à placement en terre, en maisons, sur hypothèques, en fonds de commerce, en industrie, en rente, etc,, etc., on le confie momentanément pour en recevoir un intérêt, qui à son notaire, qui à son banquier, qui à un industriel, qui à un négociant, etc. — Mais de quelque manière qu'on s'y prenne, cet argent suit sa pente et se rend toujours — de première ou de seconde main — chez les banquiers ; il n'en faut guère excepter que ce qui est placé par petites sommes à la caisse d'épargne.

Voilà donc les banquiers, grands économes des épargnes des citoyens et chargés de les faire valoir. Qu'en feront-ils? Commanditeront-ils le commerce ou l'agriculture? Les banquiers n'ont pas le choix : ils sont eux-mêmes tributaires et vassaux de la Banque de France; or, comme cette dernière n'admet couramment à ses escomptes que les valeurs exclusivement commerciales, c'est donc vers ce côté que la force accumulée par l'épargne se portera et c'est ce qui a invariablement lieu.

Aussi, il faut voir avec quelle ardeur le commerce et l'industrie sont sollicités par les banquiers dans les temps de calme! — C'est à qui de ces derniers fera les offres les plus belles, les conditions les plus basses et les crédits les plus exagérés. C'est alors qu'on voit jusqu'à quels excès, à quelles folies, peut se porter la concurrence. A ce négociant, tel banquier fait vingt mille francs de crédit? Vite un autre solliciteur se présente, qui double le chiffre et abaisse les conditions. Mon Dieu, messieurs, ma caisse vous est ouverte, disposez-en comme de la vôtre, et je me croirai encore votre obligé pour la préférence que vous m'accorderez. Tel est, sans aucune exagération, le langage des banquiers vis-à-vis des maisons, pour se les attacher. Que l'on s'étonne ensuite de voir le commerce se lancer, manquer de prudence et faire des folies! Combien peu de maisons sout capables de résister à l'appât de doubler ou tripler les bénéfices, en multipliant les affaires!

Voyons maintenant s'il est vrai que le crédit soit aussi une cause de déloyauté dans les affaires et de graves préjudices pour les négociants honnêtes.

Dans l'état habituel des affaires commerciales, même dans un temps de prospérité, chacun sait que certaines branches de commerce sont tellement poussées dans leurs derniers retranchements par la concurrence, que les gens de la partie ne peuvent espérer de bénéfices qu'en trompant positivement soit sur le poids, soit sur les mesures, soit sur la qualité. On peut même signaler ce phénomène très-singulier et surtout très-caractéristique, de négociants ou marchands achetant plus cher qu'ils ne vendent et faisant cependant des bénéfices. — Assurément, personne ne prétendra que ce soient là d'honnêtes habitudes, et que les hommes qui les pratiquent se forment un caractère bien recommandable.

Mais il est une autre face de la question qui présente encore plus de gravité : celle-ci ne se démasque que dans les temps de crise ou à l'approche de ces temps.

Et ce sont encore les maisons qui ne vivent que par le crédit, qui la présentent.

Lorsque la mé-vente commence à se faire sentir ; que les réglements deviennent rares, les escomptes difficiles et les payements impossibles, que font tout d'abord les maisons acculées? Elles n'ont que deux moyens d'existence : le crédit ou la vente. Mais à l'approche d'une crise, le crédit se retire tout d'abord et se retire surtout des maisons qui en ont usé sans mesure. Reste donc la vente pour unique ressource. Mais qui achètera et surtout aux prix courants quand la crise arrive justement par le trop-plein? Personne assurément. Je me trompe, il se trouve des acheteurs, mais à 50 p. 0/0 de perte sinon plus, c'est-à-dire qu'il ne se fera que des transactions odieuses et qui ont pour effet de ruiner le vendeur d'une part et d'influer à tel point sur les cours que les détenteurs sérieux et honnêtes se voient forcés ou d'arrêter la vente ou de vendre à perte.

Et qu'on ne dise pas que ces inconvénients pourraient être évités, cela est impossible, même en supposant que toute maison embarrassée eût la bonne foi de déposer immédiatement son bilan. Cela vaudrait assurément mieux et sauverait du moins la question de moralité ; mais les désastres commerciaux seraient les mêmes, alors bien même que chaque débiteur gêné obtiendrait de ses créanciers tous les délais nécessaires pour attendre la reprise des affaires ; car combien de marchandises qui ne peuvent pas enjamber d'une année à l'autre et qui subissent une dépréciation énorme par cela seul qu'elles ne sont ni fraîches ni de mode !

On doit d'autant plus facilement reconnaître la vérité de ce tableau, que chacun a pu constater ce fait, — à savoir, que marchands et fabricants s'attachent moins à produire de l'utile et du bon que du nouveau ; on veut à toute force réveiller, piquer le goût du public, et par la séduction, le forcer en quelque sorte à acheter. Qui n'a déploré cette rapide succession de modes, qui fait que les produits d'une saison sont déjà trop vieux à la saison suivante ? Et quelles sont les maisons qui sont naturellement portées à conduire les choses de cette façon ? N'est-ce pas toujours les maisons vivant de crédit ? Et pourquoi cela ? N'est-ce pas — encore un coup — que ces maisons ne peuvent pas supporter le plus court temps d'arrêt dans la vente et qu'à défaut de besoins réels, elles s'atachent à en faire naître de factices au moyen de la tentation qu'elles exercent sur le public par la nouveauté ? On me dira bien que toutes les maisons font cela, même celles qui ont le moins de besoins. C'est très-vrai jusqu'à un certain point. Mais qu'en conclure, si ce n'est qu'elles sont obligées de suivre le torrent et qu'elles sont forcées — elles, bonnes maisons — de suivre les errements et de courir les risques des mauvaises?

Ce qu'il y a de certain pour tout homme éclairé et impartial, c'est que la prospérité de toute espèce de commerce est en raison inverse de la mobilité de ses articles et de la succession de ses modes. On comprendra le motif qui m'empêche de citer des exemples; mais qu'on ouvre les yeux et on sera bientôt convaincu.

Enfin, est-il juste de dire que le crédit inspire une ambition désordonnée à tous les citoyens?

Émettre cette proposition, c'est la prouver, selon moi. En effet, le commerçant qui travaille avec ses seules ressources, qui ne peut ou ne veut pas faire usage du crédit, est forcément ménager de son avoir et doit nécessairement conduire ses affaires avec ordre et économie, parce que — habitué à ne compter que sur lui — il sait que s'il se départ une seule fois des règles de la prudence, il peut en résulter pour lui de très-graves embarras. Au contraire avec le crédit: ce que, dans le premier cas, le négociant s'efforce de gagner par l'ordre et l'économie, dans le second, il ne vise à le gagner que par l'étendue et la multiplicité des affaires. Que lui importe son capital? Ne peut-il pas avec le crédit, porter ses opérations à un chiffre indéterminé, et ne gagnera-t-il pas dix fois plus en décuplant ses affaires — et sans s'astreindre à l'économie toujours si gênante — que ne le fera le commerçant modeste et économe qui — se bornant à son seul capital — en fera dix fois moins? — N'a-t-on pas les bénéfices de l'avenir avec lequel on compte toujours comme s'il n'avait jamais trompé?

On doit comprendre que, de cette manière d'être, il doit résulter des habitudes de dépense, de luxe, de dissipation; on se crée des besoins, des goûts nouveaux qui — passés à l'état d'habitude — veulent impérieusement être satisfaits. De là, enfin, un désir immodéré de la fortune sans laquelle on ne peut plus être heureux et la pente naturelle à être moins scrupuleux sur les moyens de l'acquérir.

A Dieu ne plaise que je me fasse l'apologiste du passé! Il est, hélas! tissu de trop de tyrannie, de sang et de larmes! Mais enfin, il peut y avoir quelque chose de bon, et c'est — notamment, dans les choses passées qu'il faut aller puiser l'expérience. Or, et pour ce qui est de mon sujet — je crois qu'avant la grande révolution française, le commerce était généralement rempli d'honnêteté; alors, un homme dans les affaires ne se disait pas: Je veux dans cinq ans, dans dix ans, avoir fait fortune. Au contraire, on ne faisait d'affaires qu'en raison de ses ressources. On gagnait modérément, mais on risquait peu, et on avait pour toute ambition, de bouloter ainsi jusqu'à la fin de sa carrière, sans luxe, sans brillant, mais aussi avec peu ou point de souci: en un mot, le calme au lieu de la tourmente. Alors l'économie était de mise, et on ne rêvait pas à un château au sortir de sa boutique.

— Alors aussi, les faillites étaient des événements rares, et le failli dont la situation ne ressortait pas claire et nette à tous les yeux, était déshonoré à tout jamais. Et cela était bien, soit que l'on considérât le fait du point de vue même des principes, soit de celui de l'influence qu'il devait avoir sur les masses.

Et qu'on ne s'y trompe pas ; on aurait tort d'attribuer les habitudes d'ordre, de prudence et d'économie du commerce d'alors aux entraves de toutes sortes que le pouvoir mettait à son développement. Les privilèges, les péages et autres impôts de toutes sortes, et toutes les tracasseries imaginées par le pouvoir pour extorquer de l'argent au travail eussent été parfaitement impuissants pour tenir le commerce en bride ; il aurait eu mille moyens au lieu d'un pour y échapper. Non, ce qui était alors la sauvegarde du commerce, c'était l'absence du crédit, comme ce qui le tue maintenant et le démoralise, c'est le crédit.

Au surplus, qu'on le sache bien, le commerce lui-même, éclairé enfin par l'expérience, le commerce ne veut plus de crédit, ou s'il en veut et en use encore, il n'en veut qu'avec une extrême réserve, et si le crédit — cet infâme — était une fois mort et bien mort, on ne trouverait guère que des imbéciles ou des fripons pour porter son deuil.

En résumé :

Dans l'intérêt du commerce et de l'agriculture,
Proscription du crédit.

Cela seul serait déjà un grand bien, dût-on s'en tenir là et laisser faire pour le reste.

Telle n'est cependant pas ma pensée, et, au concours en quelque sorte passif qu'une nation se prêterait à elle-même en neutralisant les pernicieux effets du crédit, je crois fermement qu'elle peut s'aider, si elle le veut, d'une manière très-active.

J'ai déjà dit — mais sans développer ma pensée — comment l'État pouvait faire très-utilement crédit aux citoyens ; je reviens là dessus.

Qui ne sait que dans un très-grand nombre de départements, les chemins vicinaux sont dans un état tel, qu'ils sont véritablement impraticables une bonne partie de l'année ? Qui ne sait que dans la Bretagne, et un certain nombre de départements du centre, les produits sont à vil prix comparativement à ceux de certaines autres localités? et pourquoi en est-il ainsi, sinon à cause de l'absence ou du mauvais état des voies de communication?

Eh bien, sillonnez le pays de voies de communication rapides et sûres ; qu'aucune localité — grande ou petite — ne soit sans être liée à un centre de consommation; faites enfin qu'aucune production de la nature ou du travail de l'homme sur la terre, ne croupisse et ne se perde là où elle se produit, ou ne se consomme sans profit pour le producteur. Sous la zône brûlante du midi où manquent les fourrages, pratiquez des irrigations artificielles.

Faites crédit,prêtez de cette manière aux citoyens et

faites-vous rembourser par l'impôt. Alors vous aurez, vous recueillerez tous les avantages du crédit sans un seul de ses inconvénients. Vous égaliserez ainsi à peu près partout le revenu territorial, et l'impôt — même augmenté de beaucoup, sera encore plus léger qu'auparavant.

Il y a une chose que l'on n'a pas assez remarquée et qui mérite cependant bien de l'être. C'est que le crédit suit la production, mais ne la devance pas. Qu'une banque aille s'établir et cherche à fonctionner dans un pays perdu au milieu des terres, sans voies de communication et par conséquent sans activité commerciale; qu'y fera-t-elle? Absolument rien. Aussi banques et banquiers le savent bien et se placent-ils toujours là où les transactions et les échanges ont une certaine activité, ce qui fait bien voir que ceux-ci sont toujours préexistants et peuvent vivre et très-bien vivre et prospérer d'eux-mêmes sans le secours du crédit, et enfin que ce dernier n'est qu'un parasite, qui — comme tous ses congénères de toutes sortes, ne vit qu'aux dépens des dupes qui croient à ses paroles dorées.

Débouchés! consommation! voilà ce qui manque à la production et non pas le crédit. Est-ce que cette vérité n'éclate pas à tout moment? Est-ce que les innombrables faillites qui affligent notre époque et lui donnent en quelque sorte un cachet particulier, ne sont pas autant de preuves de l'infériorité des débouchés et de la consommation? Et en présence de ces faits, à l'aspect de ce mal grandissant, vous ne voyez d'autre remède que d'ajouter aux forces de la cause du mal ! C'est comme si, pour guérir un homme empoisonné par l'arsenic, vous lui faisiez administrer une nouvelle dose d'arsenic.

Aveuglement !

Ouvrez, ouvrez donc des débouchés nouveaux ! ne tendez qu'à une chose, à augmenter la consommation et ne vous inquiétez pas de la production ; elle suivra de reste.

Que si — après avoir fait ces choses — vous croyez encore devoir vous occuper de la production, ne vous occupez que de la production territoriale ; dégrevez-la, comme je l'ai dit précédemment, et frappez en même temps la production commerciale des objets de luxe, sans autre exception que les articles destinés à l'exportation.

Et de ces deux choses, il devra inévitablement résulter :

Augmentation du rendement de l'agriculture ;

Amélioration du sort des travailleurs agricoles ;

Disposition des capitaux de l'épargne à se porter vers l'agriculture et des travailleurs à y rester.

Une dernière considération, avant de terminer ce chapitre : faut-il conclure de ce que je fais la guerre au crédit — élevé à la hauteur d'un système — que le crédit privé, accidentel, doive être frappé dans ma pensée de la même réprobation, à ce point que nulle infortune, nul accident, ne puisse légitimer le recours à lui ? A Dieu ne plaise, et — bien que tout ce qui tend à diminuer la responsabilité individuelle me paraisse extrêmement dangereux, le crédit, envisagé ainsi, rentre dans la pratique de la bienveillance, — de cette bonne vertu qu'il serait si doux de voir régner parmi les hommes — et à ce titre, qui pourrait y être opposé?

Oh! faites du crédit de cette manière ; faites que la bienveillance, le concours, l'appui de tous soient assurés à chacun, en cas de besoin et à charge de revanche.

Dans les campagnes, au lieu de ces agglomérations d'individualités, sans aucun lien de solidarité, souvent haineuses, toujours rivales, faites des *communes* dans le sens propre du mot et que l'église *commune,* l'école *commune,* la maison *commune,* des greniers ou entrepôts *communs,* certains travaux *communs,* etc., etc., fassent de tous les habitants d'une même *commune* une espèce de grande famille, où chacun sera pour tous et tous pour chacun. Loin de diminuer ainsi la responsabilité individuelle, vous l'augmenterez, au contraire, en lui imposant de nouveaux devoirs. Là, le concours donné ne serait plus l'aumône qui avilit ou le crédit qui corrompt.

Tout cela ne serait cependant pas du nouveau : et pourquoi ne ferions-nous pas, contre les misères humaines, ce que nos pères faisaient dans les siècles passés contre leurs tyrans féodaux? Misère et tyrannie, n'est-ce pas tout un?

DU CRÉDIT

PAR RAPPORT A L'ÉTAT.

L'Etat étant proprement l'ensemble des individus composant la nation, et ce qui se dit des uns pouvant et devant nécessairement se dire de l'autre, si j'ai démontré les dangers du crédit dans ses applications à l'individu, je l'ai démontré implicitement en ce qui regarde l'État. En effet, il n'y a pas deux sortes de richesses, non plus que deux sortes de morale.

Je me bornerai donc à rappeler quelques faits et à les appuyer de quelques considérations qui en feront ressortir la portée.

L'État, c'est l'ensemble des individus et sa marche financière et politique est — jusqu'à un certain point — celle des particuliers. Et de même qu'il est malheureusement vrai, que l'homme dans l'embarras est plutôt porté à recourir au secours d'autrui — et le plus souvent sous forme d'emprunt — qu'à sa propre intelligence et à son travail ; de même, l'État a plutôt recours à l'emprunt qu'à une administration meilleure pour combler un déficit. L'un est plus facile que l'autre. Il est si commode de reporter sur l'avenir les embarras du présent ; on s'en décharge à si bon compte en apparence, que c'est, de la part des États, une propension générale à user de ce moyen, surtout depuis la malheureuse invention des dettes perpétuelles.

En effet, l'État qui — dans des circonstances favorables — contracte un emprunt de deux cents millions, par exemple, se crée immédiatement — et de rien —une ressource puissante, et cela pour la bagatelle de dix millions par an. — Or, qu'est-ce que cette somme pour un pays comme la France? une goutte d'eau dans la mer. Mais l'État emprunte toujours et ne rembourse jamais, et, d'année en année l'intérêt de la dette s'accumulant, on arrive à voir le tiers du budget des recettes absorbé par ce seul service. Pour ce seul service, on arrive à payer cinq cents millions dans certains pays, et un milliard dans un autre.

Et qu'on ne dise pas — raisonnant en égoïstes — : « Bah ! ce ne sera ni nous ni nos enfants qui aurons à en souffrir, » car on se tromperait; le déficit marche au contraire à pas de géant, et les hommes qui nous ont lancé dans cette voie, comme ceux qui les y suivront, en ont souffert ou en souffriront eux-mêmes. Qu'était la dette au commencement de l'Empire et qu'est-elle à présent? Cinquante ans ont suffi.

Qu'on ne dise pas non plus que ce dont l'État s'est chargé d'un côté il l'a gagné de l'autre, et que, grâce à ses emprunts, la force productive du pays a été augmentée. Mensonge! mensonge! Les particuliers n'ont pas besoin de l'État pour s'enrichir, et ce serait tout au plus vrai si le capital entier de ces emprunts avait été employé à un usage productif. Mais qu'il est loin d'en être ainsi, grand Dieu! Combien de dépenses inutiles au contraire! combien de créations improductives, de guerres injustes et d'entreprises tyranniques ont été facilitées et soldées par ces capitaux!

Qui a permis à l'Angleterre d'être l'âme de toutes les coalitions contre la France? qui lui a donné le pouvoir de remuer et de couvrir de ruines le monde entier pour soutenir le monopole de son commerce et satisfaire l'avidité de son insatiable aristocratie? Qui? si ce n'est ses établissements de crédit? Je ne veux pas examiner la moralité d'un fait social n'existant qu'à la condition du malheur et de l'oppression de tout ce qui l'environne; et à ceux qui me diraient que si les sacrifices et la puissance de son crédit ont été fatales aux nations, elle, du moins en a largement profité,—je me bornerai à répondre que cela n'est pas. Non, cela n'est pas! car, pendant toute la durée de la guerre, son peuple en a tout autant souffert que tout autre; car, pour arriver à ses fins, elle s'est écrasée d'un fardeau de vingt-cinq milliards de dette — fardeau sous lequel on la sent ployer, et qui l'écrasera bientôt.

Oui, elle périra, non pas par l'invasion étrangère, mais par l'invasion d'un ennemi bien plus terrible cent fois, la misère! Elle périra, car, malgré toute cette fantasmagorie de puissance et de richesses, nul peuple n'est aussi vulnérable; nul peuple n'offre aux yeux une aussi monstrueuse inégalité de fortunes et de bien-être, un paupérisme aussi hideux et aussi immoral que le sien; nul peuple n'a d'aussi lourdes charges sociales.

L'Angleterre! c'est le Prométhée moderne au sein des mers, dévoré par le vautour du crédit, en punition de ses crimes politiques. Voyez-la pantelante, fixant son œil jaloux sur toutes les nations, frémissante de voir l'industrie progresser dans les deux mondes et la menaçant perpétuellement de lui briser son sceptre. L'Angleterre! elle ne travaille plus pour vivre, pour atteindre aux jouissances licites de la civilisation, pour rendre son peuple heureux; non, elle écrase et abrutit son peuple dans les mines et les fabriques; elle égorge, elle déchiquète le cadavre de l'Irlande, elle empoisonne la Chine, elle exploite l'Inde et trouble les nations d'Europe. — Pourquoi? Pour payer — non pas ses dettes — mais les intérêts de ses dettes, les folies de son crédit, les déceptions de l'avenir escompté. Quel est celui de ses hommes d'État qui pouvait croire que l'avenir qu'il engageait, c'était l'avenir qu'il voyait, qu'il touchait du doigt — 1850 en un mot? — Oh! le crédit est un rude travailleur, il va vite en besogne, et le gouffre qu'il a creusé en moins de cinquante ans est de belle taille, n'est-ce pas?

J'ai cité tout d'abord l'Angleterre, parce que ce pays est l'exemple le plus frappant de ce que peut produire le crédit, mais partout ses effets sont les mêmes, et les grands établissements de crédit seront toujours et partout un appât qui tentera les gouvernements et qui les portera à s'en servir pour mettre à exécution leurs projets bons ou mauvais. Les gouvernements s'en serviront toujours pour établir la tyrannie ou pour la consolider si elle existe. Qu'ils aient l'idée d'une guerre pour laquelle la nation se refuserait à donner de l'argent, le crédit leur en fournira, ils iront jusqu'à la spoliation des banques.

Que l'on consulte l'histoire, et l'on verra que c'est ce qui est toujours arrivé : en Angleterre, à l'époque de nos guerres, les emprunts forcés que le gouvernement de ce pays fit à la Banque, furent si démesurés, qu'en 1797 elle fut forcée de suspendre ses payements en espèces, ce qui produisit aussitôt une dépréciation de 15 % sur ses billets. Le gouvernement ordonna bien que les billets eussent cours forcé, mais il ne put leur donner la valeur intrinsèque de la monnaie, et en 1814 ils perdirent jusqu'à 30 %.

Or, indépendamment du mal général que ses emprunts aidèrent à consommer, il y eut encore des désastres particuliers très-considérables, car, bien qu'au moyen de l'édit du gouvernement la Banque n'ait pas légalement fait faillite, il n'en est pas moins vrai que vis-à-vis des particuliers porteurs de ses engagements, il y avait faillite réelle d'un sixième du capital dans le premier cas, et d'un tiers dans le second.

Au surplus, les exemples fourmillent, et pour n'en citer que deux applicables à notre pays, je rappellerai ce qui est arrivé à la *Caisse d'escompte* établie à Paris avant la révolution de 1789, laquelle fut ruinée pour avoir prêté son argent au gouvernement d'alors, et Dieu sait pour quel usage.

Et, presque de notre temps, les emprunts que l'empereur fit successivement à la banque de France: qui oserait dire que sa politique n'eût pas été modifiée s'il avait fallu qu'il demandât à l'impôt les ressources que lui offrit le crédit?

On peut donc affirmer que de notre temps — les grands établissements de crédit sont de véritables instruments de guerre et de perdition mis aux mains du pouvoir, et qu'il est rare que ce dernier ne s'en serve pas pour engager les peuples dans une mauvaise voie.

Et ce qu'il y a de particulier, c'est que le crédit, après avoir produit le mal a encore pour effet de mettre les nations dans l'impossibilité de le redresser. On doit comprendre effectivement qu'une nation engagée dans les voies du crédit, n'est véritablement plus libre de ses mouvements; l'immobilité lui est en quelque sorte imposée; elle tremble de faire un mouvement, car, le plus léger ébranlement peut déterminer la ruine du commerce et la dépréciation des fonds publics. A une nation engagée dans les voies du crédit, ne parlez pas de progrès et de marche vers l'avenir, d'amélioration du sort de la classe pauvre, d'une plus juste répartition des charges sociales, elle n'a d'yeux et d'oreilles que pour son carnet d'échéance, et depuis le chef du gouvernement jusqu'au dernier petit boutiquier, la seule préocupation est de savoir s'ils seront en mesure de faire — demain, après-demain, toujours — honneur à leur signature. Oh ! les hardis citoyens que cela doit former !

www.ingramcontent.com/pod-product-compliance
Ingram Content Group UK Ltd.
Pitfield, Milton Keynes, MK11 3LW, UK
UKHW022135260726
13993UKWH00003B/1450

9 782329 144467